GUIA DE COACHING **Q**ualidade de **V**ida para

PUBLIC SPEAKING

O PALCO E O DESIGN DA MENSAGEM
TÉCNICAS PARA APRESENTAÇÕES EFICAZES

JORGE DIAS

Ficha Técnica

Título:
QV Guia de coaching para
PUBLIC SPEAKING
O Palco e o Design da Mensagem

Autor: Jorge Dias
Edição: Leading News
Revisão: Rita Santos
Produção: Leading News
®2015, Jorge Dias

Impressão e acabamento: Várzea da Rainha Impressores, S. A.
Rua Empresarial n.º 19 - Zona Industrial da Ponte Seca
2510-752 Gaeiras – Óbidos

Este livro não segue as regras
do chamado novo acordo ortográfico

ISBN: 978 989 981 836 1
Depósito Legal: DL: 390090/15

www.jdias.org
jd@jdias.org

ÍNDICE

A Metáfora

O GUERREIRO DAS SOMBRAS

O jovem confessa ao seu mestre zen que tem um problema.
É que agora, depois de tudo o que aprendeu, vai partir para
levar a mensagem do mestre, só que não sabe como fazer
para falar em público.
- Sinto um nervosismo tão grande. As borboletas no meu
estômago e quase não consigo falar. Só de pensar que terei
de enfrentar audiências, nem sei...
E assim o jovem pediu ao mestre uma última lição, desta vez
de como falar em público e dominar o seu nervosismo e as
chamadas borboletas.
- Pois é, jovem. Só que eu não te posso ensinar nada - res-
pondeu o mestre. - Tu tens tudo, sabes tudo. Afinal de contas, o nervosismo é uma questão de sentido de responsabilidade quanto ao papel que tens perante a audiência. Agora
quanto à questão das borboletas, terás de ir falar com o
mestre que ensinou o teu mestre, o Guerreiro das Sombras.
- O Guerreiro das Sombras? Mas mestre, onde posso eu
encontrá-lo?...
- Podes encontrá-lo onde tu quiseres, onde tu sentires que

o poderás encontrar... Só tu podes decidir, a viagem é tua. Boa sorte na tua jornada.

E assim o jovem partiu, pensativo, preocupado e confuso. Onde ia ele encontrar uma entidade que nunca avistara e não fazia a mais pequena ideia de onde surgiria?
Até que, depois de serenar a sua mente, abrandar os seus pensamentos e calar a preocupação, finalmente teve um sentimento. O Guerreiro das Sombras, sim, ia encontrá-lo na praia, ao anoitecer... E assim se focou nesta ideia, neste *feeling*.

Naquela noite, o jovem deslocou-se à praia. Foi pisando a areia, até que decidiu parar e ficar imóvel. À sua frente água, atrás de si pedras, rochas e arbustos.
Ali permaneceu longos minutos, perscrutando na esperança de que algo acontecesse, de sentir uma presença... Mas, depois de uma longa espera em silêncio, já em estado de desalento, o jovem decidiu sentar-se na areia fria daquela pequena praia e, resignado, aguardar por mais um prolonga-do momento.

De repente, sentiu uma presença nas suas costas. Virou-se, algo assustado, e deparou-se com uma figura imponente, de capa negra e olhos azuis luminosos.

- Rapaz - gritou aquela entidade com voz rude - um mestre
nunca pode ser apanhado desprevenido, nem mesmo um
aprendiz.
- Ah, és tu o Guerreiro das Sombras?!... O meu mestre disse-
me para vir falar contigo, para me ensinares a enfrentar uma
audiência. Sei que és tu... Diz-me.
- Eu não posso ensinar-te nada. Só tu podes aprender se quiseres e estiveres disponível. Estás preparado? Estás pronto,
realmente?
- Sim, estou pronto, sim, quero aprender, vou estar atento a
tudo o que disseres e fizeres.

E o Guerreiro deambulou um pouco pelo espaço, como se
estivesse a pesquisar. Até que se fixou num ponto. E o jovem percebeu que ele estava a familiarizar-se com o espaço,
a conhecer o local que pisava.
De seguida, o Guerreiro fez um movimento em direcção aos
arbustos e pousou uma pequena bolsa, tirou a capa e alguns
objectos que tinha no bolso. E o jovem percebeu que ele estava a livrar-se de tudo o que era acessório, tudo o que fosse
distractivo e que podia atrapalhar no momento certo.
Depois, aquela entidade imponente inspirou profunda e
demoradamente... Encontrava assim o seu centro, a sua concentração.
Mas nisto o jovem começou a ver algo estranho... Uns seres

luminosos, de ar e movimento hostis que se aproxima-vam da cabeça do Guerreiro, iniciando um voo rotativo. O jovem agitou-se, estremeceu, sem perceber porque é que o Guerreiro se mantinha quieto, calmo e tranquilo. Aquelas entidades hostis estavam a estreitar o voo e tudo apontava que iam lançar um ataque a todo o momento.

Num ápice, o Guerreiro iniciou uma dança de gestos certei-ros, perfeitos e letais, e rapidamente pôs em debandada aquele exército ameaçador.

De seguida, olhou o firmamento, esticou o braço em sua direcção, dobrando-o logo depois para colocar a mão junto ao coração.

Confuso, o jovem aprendiz esperou que o Guerreiro saísse daquela espécie de transe.

- Compreendeste, rapaz? São apenas cinco coisas que preci-sas memorizar para teres um bom desempenho em frente de uma audiência... Seja ela pouco ou muito numerosa.

1 - Conheceres o espaço que vais pisar antes de cada apresentação

2 - Livrares-te de tudo o que é acessório e que te pode atrapalhar ou ser distractivo para quem te vê e ouve

3 - Teres um momento de concentração antes do início. Inspirando e ouvindo a tua respiração

4 - Domina o teu diálogo interno, essas vozes hostis
que te segredam negatividades e pessimismos. Foca-
te no que vais dizer, na mensagem que queres passar
e domina o «não sou capaz», «não tenho jeito», «não
consigo»...

5 - Por fim, liga-te à tua espiritualidade e segue a tua
estrela e o teu coração. Nada poderá correr mal, porque o que sempre acontece é que tens de melhorar.
Mas isso está sempre presente. Tudo correrá bem.

E agora, o caminho é teu, a decisão é tua, tudo depende de
ti. És soberano. Portanto...

Segue a tua estrela...

O Design

Um livro começa sempre com uma folha em branco. Uma apresentação ou um discurso também. O momento do início é uma espécie de «tudo em aberto». O primeiro factor a definir é o assunto que vai abordar. Primeiro o tema geral, logo de seguida os objectivos específicos, sobre que factor ou factores vai debruçar-se.

Antes de começar a pensar em algo, saiba que, tal como um texto escrito, um discurso ou uma apresentação pública é algo que tem de ser trabalhado sob vários ângulos e perspectivas. Neste pequeno livro vou abordar o essencial necessário para um bom desempenho de *public speaking* e, claro, ajudá-lo/a a tornar-se um orador competente.

Há uma parte que lhe pertence por inteiro neste processo: **Praticar**. Certamente já viu vídeos de oradores excelentes, daqueles a que chamamos de gurus ou *experts*. São extraordinários, convincentes, líderes de palco. Convença-se de que não nasceram assim nem foi obra do acaso. O que aconteceu é que passaram muito tempo a pensar, a ensaiar, a treinar e a praticar em vários contextos. E agora são «gurus». Claro que há condições inatas da própria pessoa que podem facilitar, como a voz, a fisionomia, etc., mas se não houvesse traba-lho e prática, não chegariam onde estão.

O *Layout* e o *Design*

Pegue num jornal ou numa revista, num livro ou num texto oficial. Pode aperceber-se de que todo este material está paginado de uma certa forma, há *designers* a trabalhar no visual da mensagem e há jornalistas e autores a trabalhar a mensagem em si.

Independentemente do conteúdo da mensagem, repare que nos livros ou noutros textos há um aspecto geral que nos atrai... ou não. Por exemplo, eu compro livros tendo em conta também o aspecto e a organização gráfica da mensa-gem. Por muito bom que seja o conteúdo, se não for bem apresentado, pode ser cansativo e conduzir à saturação, à rotina e à desistência. O mesmo acontece com a mensagem verbal, numa apresentação ou num discurso.
De forma genérica, o que se pode identificar num livro ou num texto quanto a níveis de leitura e aspecto gráfico, o chamado *layout*?

1 - *Design* de capa

2 - Título

No miolo

3 - Tamanho de letra

4 - Entrelinhamento

5 - Parágrafos

6 - Espaços

7 - Negritos e Itálicos

8 - Destaques

9 - Ilustrações, quadros, etc.

EM LIVROS

---

1 - Capa

2 - Manchete e Títulos

No miolo, níveis de leitura

3 - Título

4 - Antetítulo

4 - Fotos

5 - Legendas

6 - Destaques

7 - *Lead* (texto de entrada)

8 - Subtítulos

9 - Parágrafos

10 - Negritos e Itálicos

11 - Caixas de texto

EM JORNAIS E REVISTAS

Como vê, todos estes níveis de leitura são criados intencionalmente para garantir a atenção de quem lê. Como
os leitores são diferentes, podem prender-se por factores
também diferentes. Por exemplo, uns pelo título, imagens,
e destaques. Outros pelo título, imagens, legendas, antetítulo e subtítulos. Independentemente de tudo, às vezes o
aspecto da mensagem quase assume mais interesse do que
a própria mensagem.

Aspecto Gráfico + Conteúdo = Mensagem

Claro que haveria muito mais a dizer sobre esta matéria,
mas vamos à mensagem verbal, em forma de discurso ou
apresentação, que é o tema deste livro. Poderá falar-se de
layout da mensagem dita? Claro que sim. E você é o *designer*
que dispõe os elementos de forma a ficarem o mais atracti-
vos possível.

Na mensagem verbal, os níveis de interesse podem ser mantidos através de vários factores:

1 - Título da apresentação
2 - Tom de voz
3 - Volume (projecção)
4 - Ritmo
5 - Pausas
6 - Variação vocal
7 - Movimento das mãos
8 - Posição dos braços
9 - Olhar
10 - Expressões faciais
11 - Linguagem não-verbal (corporal)
12 - Uso do palco (movimentação)
13 - Mensagem - Factos, Números, Histórias (metáforas, analogias, associações)

PUBLIC SPEAKING

Basicamente, são estes os factores que vou abordar para que melhore rapidamente as suas capacidades de oratória antes mesmo de começar a praticar. Ao tomar consciência do que está em causa, começa logo a melhorar.
Na página seguinte tem disponível um quadro ilustrativo dos elementos em causa no que se refere a falar em público (*public speaking*).

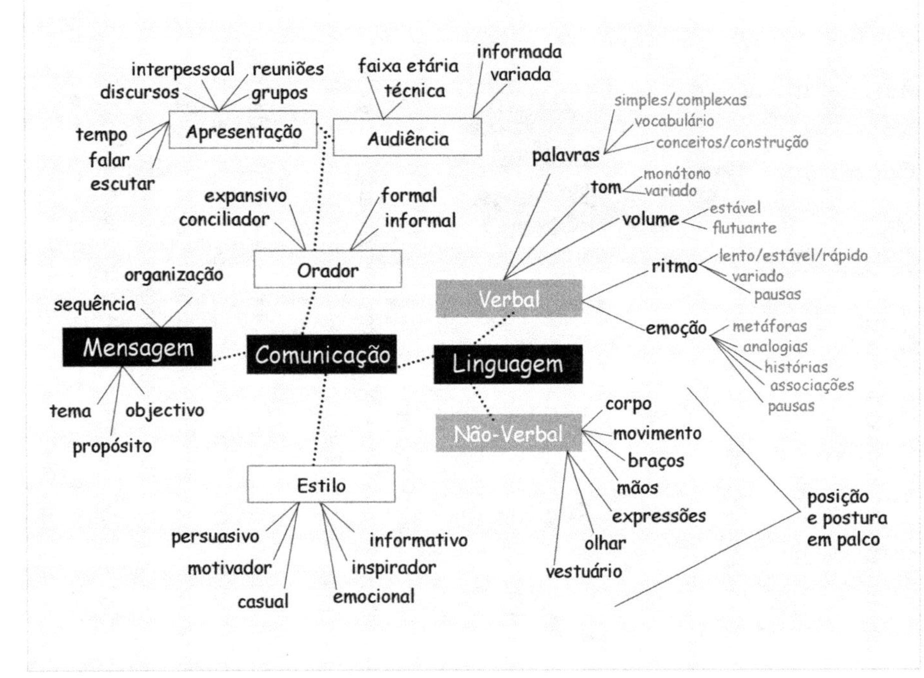
interpessoal
reuniões
discursos
grupos
tempo
falar
escutar
Apresentação
faixa etária
técnica
informada
variada
Audiência
simples/complexas
vocabulário
conceitos/construção
palavras
monótono
variado
tom
estável
flutuante
volume
lento/estável/rápido
variado
pausas
ritmo
metáforas
analogias
histórias
associações
pausas
emoção
Verbal
expansivo
conciliador
formal
informal
Orador
Linguagem
corpo
movimento
braços
mãos
expressões
olhar
vestuário
Não-Verbal
posição
e postura
em palco
organização
sequência
Mensagem
tema
objectivo
propósito
Comunicação
Estilo
persuasivo
motivador
casual
informativo
inspirador
emocional

Mantenha presente que a mensagem verbal tem um poder diferente da escrita. Enquanto esta depende da forma como lê e ainda pode ser relida, ao seu ritmo e quando quiser, a verbal vem apetrechada de emoção ou sentimento através do uso da voz do orador. Uma vez a palavra dita, fica registada pelo receptor, criando um efeito emocional. Por outro lado, a linguagem não-verbal, corporal, acompanhada da mensagem verbal, cria um duplo efeito:

a audiência passa a poder OUVIR e a VER a mensagem

Daí o poder que assume uma comunicação em público, que tem de ter em conta a voz, o tom, o corpo, os gestos, o corpo e as palavras. Sim, as palavras. Se vai falar em público, *keep it simple,* como costuma dizer-se. As palavras devem ser simples, claras, ilustrando conceitos e ideias que sejam rápidos de assimilar. Transmitir emoções, acção e até imagens mentais para envolver a audiência.

Nos livros, a linguagem pode ser mais rendilhada e recorrer a termos menos correntes. Nos jornais e revistas devem ser ideias simples, mais superficiais, com palavras claras e fáceis de compreender. Nas apresentações públicas, as palavras e conceitos devem ser curtos, claros e concisos, de forma a ser acessível a todo o tipo de audiência.

Claro que não estou a falar de apresentações técnicas, em congressos de especialidade científica, em que há uma terminologia própria a ser usada.

Porém, mesmo nestes contextos, o foco do orador deve estar sempre na variedade de factores que podem enriquecer o seu desempenho.

7 Factores

É impossível não comunicar... mesmo quando se pensa que não estamos a fazê-lo. Independentemente de sermos tímidos, introvertidos, calados, expansivos ou tagarelas, estamos sempre a comunicar. Há algo que transmitimos aos outros, seja verbalmente ou através da fisionomia ou da expressão. Mas o que queremos é assumir o controlo da mensagem que realmente queremos passar...

**Comunicar significa fazer compreender
a outros a nossa mensagem...**

O que proponho neste pequeno livro é alertá-lo/a para este tema, de forma a poder melhorar, de acordo com o que quer criar, naquilo em que quer ser ou tornar-se. De acordo com o que sente ser melhor para si, pessoal ou profissionalmente.

A forma de comunicarmos, seja no lugar de emissor ou de receptor, tem implicações na maneira como lidamos com os outros, que tipo de pessoas atraímos, que tipo de oportunidades temos na vida profissional. E isso depende da linguagem que utilizamos, da forma de organizarmos um texto ou uma mensagem, dos tempos verbais preferidos, da maneira de nos movimentarmos, como usamos o corpo, que é, afinal de contas, a parte visível da mensagem.

Sete factores a ter em conta:

1 - Valorize sempre a forma. Se dá mais importância ao conteúdo da mensagem, a audiência fica em segundo plano, resultando numa comunicação menos eficaz.

2 - Simplifique a mensagem, principalmente quando a matéria é complexa, e far-se-á entender mais facilmente. Foque-se na audiência e no tipo de pessoas que a compõem e aumentará a sua capacidade de comunicação.

3 - Quando o meu interlocutor ou a audiência não me entende, é minha a responsabilidade! Se a audiência se desinteressa ou se aborrece, a responsabilidade é também minha.

4 - Falar não significa necessariamente comunicar. Se diz «Como já vos tinha dito!» ou «Como sabem...» não representa que comunicou ou que ensinou. Significa que pode ter apenas mencionado o assunto.

5 - A diferença entre comunicar e falar está no objectivo. Quando há comunicação, o orador ou emissor tem a intenção de fazer com que o interlocutor tome consciência de uma dada mensagem. Mais, que empreenda uma acção.

6 - Ao comunicar (para audiência, grupo ou pessoa), adapte a sua mensagem às exigências e características das pessoas. Sobretudo verificar no *feedback* se a mensagem produziu o efeito esperado ou se foi compreendida.

7 - Se recorrer à leitura numa exposição oral, saiba que a mensagem vai perder força, não incentiva à acção e pode perder a liderança da audiência.

O nosso sistema educativo não prepara pessoas na arte de comunicar em público. Seja intencionalmente ou por razões políticas, o certo é que não desenvolvemos uma cultura de *public speakig* na idade mais fértil (antes dos 20 anos) para a nossa formação comportamental.

E porque não somos educados para comunicar em público, criamos convicções limitadoras do tipo «não tenho jeito», «não sou capaz», «não consigo», «não é para mim», etc.

Apenas porque não treinámos, não nos preparámos nem fomos encorajados a fazê-lo.

Tendo em conta este facto, estou a trabalhar com escolas secundárias para preparar jovens alunos, até aos 18 anos, a ganharem competências e alterarem convicções limitadoras. É extraordinário o que são capazes de fazer, a velocidade de adaptação e no que se tornam em poucas horas. Volto a dizer-lhe, **é algo de extraordinário**.

Ao mesmo tempo, trabalho com adultos, alunos em processo de licenciatura e de mestrado. Querem preparar-se para as apresentações dos seus trabalhos e dissertações, para entrevistas de emprego, para dirigir reuniões, para vender ideias, produtos e serviços. Mais uma vez, leitor, digo-lhe, é absolutamente gratificante o processo e desenvolvimento destes jovens. Estou a falar-lhe em *workshops* com a duração de cerca de 12 horas.

Não aceite que o desconforto de falar em público assuma o controlo e o/a domine. O que quero dizer é que haverá sempre nervosismo e receio, apenas não deve ser dominado/a por ele e pelas famosas «borboletas» no estômago.
Falar em público é talvez o melhor método natural para superar a timidez e o embaraço, desenvolvendo coragem e

autoconfiança. O *public speaking* leva a enfrentar os medos mais primários. Vencer o medo de falar em público reflecte-se positivamente em tudo o que faço.

Aqueles que aceitam o desafio experimentam ao mesmo tempo uma melhoria da sua personalidade. Porque na realidade falar em público é uma vertente muito poderosa do desenvolvimento pessoal.

A mensagem que lhe deixo, com toda a convicção e certeza, é de que você, leitor, é um excelente orador. Tem todos os recursos para o ser. Basta começar a praticar. Se tem alguma experiência, então digo-lhe que pode melhorar ainda mais. Esta é a minha certeza, baseada em factos.

Public Speaking

Public speaking é a arte de falar em público. Seja numa sala de aula, num auditório, numa reunião, num jantar ou entre um grupo de amigos. Alguns conceitos aqui expressos podem ser comuns à comunicação interpessoal, porém o foco está assente no pressuposto de que há uma pessoa a falar para um grupo. Usarei muitas vezes o termo «**palco**», mas estarei propriamente a falar do espaço destinado ao orador, seja em contexto de formação, de seminário, palestra, em sala ou em auditório.

Sendo assim, vou expor então alguns conceitos básicos sobre o que ter em conta no contexto de *public speaking*. Permiti-me a usar este estrangeirismo porque me parece mais musical e requer apenas duas palavras.

Primeiros princípios:
- O processo de comunicação é, para todos os efeitos, um processo de venda. De ideias, de conceitos, de serviços, de produtos, enfim, de valor;
- O postulado fundamental da comunicação é conhecer as expectativas do interlocutor ou da audiência

Antes de fazer uma apresentação, pergunte sempre a si mesmo/a:

- Quais as necessidades da audiência que posso estimular na apresentação? Como vou iniciar?
- Se eu fizesse parte da audiência, o que me poderia interessar nesta apresentação? O mesmo que pensar...

> **«O QUE INTERESSA AOS OUTROS»**
> em vez do **«que me apetece contar-lhes»**

Por exemplo, para uma audiência de alunos:
«Sei que é cansativo estudar em casa depois da escola, por isso sugiro que aproveitem bem esta aula, tirem apontamentos e esclareçam dúvidas, pois bastará depois passar os olhos pela matéria e ficarão preparados para a vossa apresentação.»

Não necessita de técnicas especiais, apenas um pouco de sensibilidade. Mais à frente dar-lhe-ei alguns exemplos.

Tenha em conta...
Perfil da audiência - Recolha informação relativa ao tipo e interesses das pessoas que o vão ouvir: família, desportistas, políticos, profissionais, académicos, etc.

Diversifique - Use analogias, associações e metáforas para facilitar a compreensão da mensagem. Se forem pessoas da informática use essa característica, o mesmo para praticantes de BTT, estudantes, etc. Mantenha presente que...

> **... Para o orador ter sucesso deve ter em conta as MOTIVAÇÕES DA ASSISTÊNCIA**

As metáforas

O uso de metáforas é uma forma eficaz de levar emoção à audiência. As metáforas têm um atributo absolutamente poderoso. Usam linguagem genérica e simples, adequada a todo o tipo de público, cultura, idade, formação, etc. A linguagem genérica garante que o assunto é compreendido e assimilado por toda a gente.

Outro atributo tão poderoso quanto o anterior é que a metáfora encerra o significado e o propósito de todo o assunto. Assim que termino de contar a metáfora, está toda a gente preparada para receber o que vou dizer de seguida, sem ter de fazer grande esforço para compreender. Como exemplo de metáfora tem o texto inicial deste livro.

Sobre linguagem genérica, deixo-lhe mais alguns exemplos nestas frases seguintes...

- «Estamos todos aqui agora para aprender...»
- «A solidariedade é algo que valoriza qualquer ser humano...»
- «Há coisas que não podemos controlar...»

Como vê, nestes simples e comuns exemplos, independentemente de quem estiver na plateia, qualquer o credo político, religioso, condição social, económica, etc., todos estarão de acordo. A técnica é não entrar por pormenores e especificidades, pois aí as opiniões podem divergir e o processamento da mensagem não será fácil.

Perfil técnico-profissional
Compreenda a preparação técnica da audiência, para poder adaptar a linguagem.

Perfil do grupo
Um auditório não é uma massa humana uniforme, mas sim um conjunto de indivíduos com necessidades e interesses diferentes.

Comunicar para convencer = vender
1 – Conhecer quem temos à nossa frente
2 – Estimular as suas necessidades
3 – Procurar satisfazê-las

Oradores eficazes e os outros...

De uma forma geral, podem dividir-se os oradores em dois tipos:

1 - os que estão muito focados na sua mensagem sem ter em conta a audiência.

2 - E os que constroem a mensagem para a audiência, tendo em conta os interesses das pessoas.

1 – *Oradores orientados pelo conteúdo* – Prescindem da audiência, focalizam-se no assunto e não nas pessoas, evitam perguntas e fazem monólogos.

2 – *Oradores orientados para a audiência* – Analisam primeiro o grupo. O guião é apenas uma referência, animam as pessoas e adaptam-se às suas exigências e necessidades.

A capacidade de comunicar em público pode ser adquirida com facilidade. Porém, todo o potencial está na sua mente. Eu sei que esta afirmação parece um pouco espiritual ou esotérica. Mas só a força de vontade e a forma como trabalha as suas convicções pode levá-lo/a onde não esperava.

Já ouviu o **EU QUERO - EU POSSO - EU CONSIGO**? Pois bem, é aplicável aqui, basta começar por... Querer.

Reconheça aqui então as três condições essenciais para libertar o seu potencial:

1 – **EU QUERO** - A convicção absoluta de que quer tornar-se um orador excelente, de que possui todas as capacidades para o fazer e a vontade para ascender a outro nível de competência. Quer? Avance.

2 – **EU POSSO** - Pense e elabore uma mensagem a partir de temas que lhe sejam familiares. Temas que domine e com os quais se sinta um/uma *expert*. Conheça profundamente o assunto de forma a senti-lo. Enriqueça a apresentação com metáforas, histórias e exemplos vívidos ou da sua vida. Pode fazê-lo.

3 – **EU CONSIGO** - Tirar notas, ler livros, ou ver vídeos é óptimo, mas leitura e observação não lhe dão competências em *public speaking*. Só com prática poderá melhorar a sua *performance*. Aproveite todas as ocasiões para exercitar. Vai conseguir.

COMUNICAÇÃO NÃO VERBAL

De acordo com a investigação do professor Albert Mehrabian, universidade da Califórnia, a eficácia da mensagem está assente no seguinte:

- **7% nas palavras**
- **38% no tom de voz**
- **55% na linguagem não-verbal.**

Mais de metade da mensagem está contida na Fisiologia. O seu corpo e toda a linguagem não-verbal contêm 55% do que quer transmitir. A seguir vem a Tonalidade. O tom da sua voz, as inflexões e variações durante a apresentação contêm 38% do impacte da mensagem. Por fim, vêm as palavras, que têm apenas um impacte de 7% no que quer transmitir.

Invista mais na forma do que no conteúdo. Pode preparar algo muito elaborado, complexo, com grandes conceitos, e verificar que no fim pouco passou para a audiência. Pode achar estranho, mas o que tem mais impacte é o que envolve a mensagem propriamente dita, a saber:

> Contacto visual, Gestos de mãos e braços, Posicionamento no palco, Volume e tom de voz, Pausas, Vestuário, Postura em palco

Contacto visual

No *public speaking* é necessário manter contacto com a audiência e esse factor é muitas vezes assustador para um orador inexperiente. Alguns testemunhos apontam o seguinte:

- «Começo a olhar para alguém e perco-me no que quero dizer...»
- «Não consigo concentrar-me quando olho para as pessoas na plateia»
- «Vejo as caras das pessoas e ponho-me a adivinhar o que elas estão a pensar... e tenho uma "branca"»
- «Tento olhar as paredes ou o chão para não me desconcentrar»

Fique a saber que se olhar o chão, as paredes ou o tecto, perderá a atenção da audiência, transmitindo insegurança, indiferença ou falta de preparação.

Quando procuramos informação, o que dizer a seguir, é comum olhar-se o tecto ou o chão, mas se o fizer repetidamente a sua mensagem perderá impacte.

O mais adequado é olhar sempre a audiência usando a chamada **visão periférica**, que se caracteriza por eliminar os detalhes e olhando o todo como que desfocado. Projecte assim o olhar sobre todos os participantes e domine a sala. Pode inclusive dirigir o olhar para um ponto ou uma pessoa da sala, mas sem focar o detalhe, deste modo parecendo dar atenção especial a alguém na plateia, alternando e distribuindo por outras pessoas. De seguida tem algumas indicações.

Em salas com audiências numerosas, o contacto visual faz-se
para diversas áreas da plateia.

O contacto visual eficaz caracteriza-se por durar entre 3 e 5
segundos e destina-se a criar no público a percepção do «somos vistos!». Um contacto visual comunicativo raramente
passa despercebido. É gratificante, podendo ser embaraço-
so se for prolongado. Deve procurar mais o contacto visual
com o todo.

Powerpoint **e ajudas visuais**

Algumas ajudas visuais podem afastar o orador da audiência.
Incluem-se aqui o uso do *powerpoint*, projecção de acetatos,
quadro ou *flipchart* e objectos nas mãos.
Recorrer a estes suportes leva facilmente a que se vire as
costas ao público. Piora se levar *slides* ou projecções muito
ricas em informação, que quase o/a «obriga» a ler e a audiência a distrair-se.

Gestos

A primeira ajuda visual que temos ao nosso dispor é o corpo.
Tal como a mensagem dita, só com treino podemos apurar
a harmonia entre o que dizemos e o que fazemos. Importante: Não tente controlar os movimentos e os gestos. Vai
perceber-se e parecer nervosismo. Alguns princípios básicos:

1 – Mantenha as mãos ao longo do corpo prontas a serem usadas como reforços comunicativos. Ou dobre os braços, mantendo as mãos à frente sem as cruzar ou juntar.

2 – Tenha as mãos livres, sem objectos, para que não brinque com eles, dando elementos de distracção à audiência. A menos que seja o comando do *powerpoint*.

3 – Use pelo menos duas posições no palco para variar e alterar o ângulo de visão que a audiência tem sobre si.

4 – Se está a usar o *powerpoint* e precisa circular no palco, desligue o *slide* com o comando, passe então pela frente, encontre a sua posição e faça surgir de novo o *slide* no ecrã.

Erros comuns
1 - Braços ou mãos cruzados = atitude fechada.
2 - Mãos nas ancas = arrogância e desafio
3 - Polegares na cintura = inestético, pouco profissional
4 - Mãos cruzadas à frente = vergonha, embaraço
5 - Mãos atrás das costas = embaraço
6 - Mãos postas = pose de oração, submissão

7 - Tocar o corpo, as roupas, coçar (nariz, orelhas, cabelo, cabeça) = nervosismo

8 - Mãos nos bolsos = não profissional, demasiada descontracção

9 - Objectos nas mãos = Defesa, embaraço

Postura e movimento

A entrada em palco é muito importante. Transmitir segurança, determinação e sentido de missão deixa a audiência alerta. Assim, também a entrada em palco se faz em três fases:

1 - Determinação, passos decididos até ao centro do palco

2 - Encontrar o ponto de paragem e firmar aí os pés, direito, mãos ao longo do corpo

3 - Saudar a audiência, pausa e início do discurso ou apresentação

A postura, o contacto visual, o tom de voz e os gestos definem o orador, que é assim reconhecido pelas posições e movimentos que assume. Eis os mais comuns:

1 - Ficar sentado atrás de uma mesa;

2 - Posicionar-se atrás do *lectern* (púlpito);

3 - Ocupar o centro do palco;

4 - Preferir os extremos, resguardando-se nas laterais;
5 - Escolher o fundo do palco ou a zona mais frontal, junto à audiência

Há que saber dosear todas estas vertentes, de acordo com o tipo de apresentação, de audiência, dependendo do contexto. Se ficar muito atrás pode parecer insegurança, se ficar muito à frente, a proximidade pode ser desconfortável. O centro do palco é a posição de domínio. Será excelente não contar com obstáculos entre si e a audiência.

Por último, não se esqueça de manter uma posição equilibrada sobre as duas pernas. Não descanse numa só perna nem dance com qualquer um dos pés.

Dois factores importantes:
1 - **Não leia (a menos que seja essencial);**
2 - **Não se esconda atrás de objectos**

Movimento em palco

A sua movimentação no palco deve ser intencional. Movimento por movimento cria estados de distracção e de transe no público: para a **frente e para trás, vaivém** lateral, **baloiçar-se.**

Quando se diz que a prática é importante não é tanto no

que respeita a decorar o texto, mas sim em definir quando, onde e como vai entregar a mensagem. Estes são os pontos a definir após saber o que vai dizer. Recapitulando:

1 - O que vou entregar, dizer
2 - Quando vou deslocar-me em palco
3 - Onde vou entregar as partes da minha mensagem
4 - Como vou fazê-lo? Que gestos, que estilo?

Verifique antecipadamente onde e como desenvolver os seus passos, programando-os na direcção dos participantes, de um para outro lado do palco, sem virar as costas a qualquer parte do público.

Faça aproximações intencionais: para fazer uma pergunta, para dar uma resposta, para reforçar a mensagem.
A proximidade pode exprimir segurança e criar uma ligação com o grupo.
Um dos riscos que se corre ao passear pela sala é o de perder o contacto visual com a audiência, porém tudo é possível desde que se mantenha atento/a ao efeito que gera na audiência.
Os movimentos do orador produzem energia e reforçam a mensagem verbal. Se forem programados, podem ter um poder acrescido.

Vestuário

Sobre o vestuário, deixo-lhe o essencial para que cause uma boa impressão. Para oradores ou oradoras:

1 - Muito importante, use roupa confortável;
2 - Evite cores vivas (berrantes);
3 - Cores escuras dão impacte e seriedade ao orador;
4 - Livre-se de acessórios distractivos, colares, pulseiras que fazem ruído ou outros; abafos, cachecóis, etc.;
5 - Atenção aos objectos nos bolsos, como telemóvel, chaves, etc., que causem relevos e sejam distractivos.

Espreite no *youtube* os oradores de sucesso Robin Sharma, Tony Robbins, Darren Hardy, Brendon Burchard, Connie Podesta, Carly Fiorina e Marianne Williamson.

A mensagem

Finalmente, a mensagem. O conteúdo. Há um conceito simples e muito claro para elaborar a mensagem. É que ela é dividida em três partes:

INÍCIO → CORPO → CONCLUSÃO

Para facilitar a elaboração da mensagem propriamente dita, faça o seguinte. Memorize a entrada e a conclusão. Retenha na memória o texto inicial e a frase final. Tenha a certeza de que na **FRASE FINAL cabe o objectivo do seu discurso**. É o que a audiência leva da sua exposição.

- Se o objectivo é inspirar, a frase final será a mais inspiradora
- Se o objectivo é persuadir, a frase final deve convidar a uma determinada acção
- Se o objectivo é informar, a frase final deve conter o propósito geral

Voltando ao **INÍCIO** do seu discurso ou apresentação, esse deve prender a atenção, captar o interesse de imediato e deixar a audiência em alerta, em *suspense* e com expectativas quanto ao que vai entregar. Estudos apontam entre cerca de **30 segundos e 1 minuto** para ganhar a audiência. Deixo-lhe alguns exemplos de como fazer o início, fáceis de adaptar à prática no imediato:

1 - Uma pergunta
2 - Uma citação de alguém famoso
3 - Uma afirmação forte
4 - Um frase metafórica com moral

Feita a memorização do início e do final do discurso, resta

o **CORPO**, aquilo a que chamo de miolo. E é essa parte da apresentação que pode gerir em termos de informação e de tempo de entrega. Deve por isso seguir o propósito da apresentação e satisfazer as expectativas das pessoas. Pode seguir, por exemplo, o princípio seguinte:

Início → ponto 1 → ponto 2 → ponto 3 → **Conclusão**

Não coloque demasiados princípios, seja conciso/a. Não é a quantidade nem a complexidade que produz mais impacte, mas sim a simplicidade.
A quantidade vai dar-lhe três problemas: **1)** Gestão do tempo, dizer muito na curta agenda que tem; **2)** Fazer-se entender de forma clara com tanta informação; 3) O uso de pausas não será possível, pois terá de acelerar para dizer tudo o que tem a dizer.

O PEQ
De regresso a uma ideia já mencionada em páginas anteriores, a apresentação ou o discurso é elaborado não para si, mas sim para a audiência... Porque ela **Precisa**, **Espera** e **Quer**. Lembre-se sempre do **PEQ**. A audiência é e sempre será a referência. Ela...

Precisa ↔ **Espera** ↔ **Quer...**

... A audiência presente está presente porque acha que **Precisa** da informação que vai entregar. A audiência tem uma expectativa sobre si e **Espera** poder levar algo de útil. E finalmente está à sua frente porque **Quer** saber algo e viver uma experiência.

A Regra das Três Partes
Para lhe facilitar o trabalho, atente no seguinte: A **Regra das Três Partes** é válida para tudo e vai ajudá-lo/a a estruturar o que tem a **fazer** e a **dizer**. Para Entrada em palco, para o Conteúdo e para a Saída do palco.

> - 3 partes do conteúdo = Início + Corpo + Conclusão
> - 3 partes da entrada = Entrada + Centro + Início
> - 3 partes da saída = Finalizar + Aplausos + Saída

Não misture as fases. Faça tudo por partes e mostre à audiência que tem uma estrutura, que preparou e que sabe o que está a fazer. Por exemplo, quando entra em palco, enquanto se dirige ao centro, não fale.

Primeiro encontre o ponto que quer ocupar, depois de estar parado, centrado, e após ter recebido os aplausos, então sim, fale: faça a saudação e dê início à entrega do seu discurso ou apresentação.

Respiração, pausas e ritmo

Dois ítens importantes na gestão da entrega, em termos de mensagem e palco, e também na sua imagem. Fique com alguns procedimentos simples e de grande valia:

1 - Antes de iniciar, três inspirações profundas.
2 - Movimentos rotativos com a língua à volta dos dentes estimula a secreção de saliva e lubrifica a boca.
3 - Solte as cordas vocais imitando o rosnar canino. A vibração vai descontrair e relaxar as cordas vocais.
4 - Pausas entre as frases ou ideias dão-lhe tempo para respirar e a audiência processar a mensagem.
5 - Um ritmo estável cria um transe distractivo. Varie.

Volume, tom de voz e expressões

A voz é muito importante no impacte da mensagem.

Tom - Use a voz em várias tonalidades, para ilustrar uma conversa, uma situação que tenha personagens.

Volume - Projecte a voz para a última fila para ter a certeza que toda a gente ouve. Se se focar muito nas filas da frente, o volume tende a baixar e as últimas ficam a perder.

Expressões - As expressões faciais integram a linguagem não-verbal e reforçam a mensagem verbal. Use-as.

Glossofobia
Medo de falar em público

Não poderia dar por terminado este pequeno livro sem abordar o factor mais popular no que respeita a falar em público: o Medo. Definido pela palavra «Glossofobia», vinda do grego pelos termos «glossa», língua, e «fobos», fobia, medo.

Pois bem, esta é das fobias mais comuns e estima-se que mais de 75% das pessoas sofram de glossofobia, variando na sua intensidade.

É chamado de *speech fright* (medo de falar em público) e está directamente ligado aos sintomas do *fight-or-flight* (ataque-ou-fuga) característicos dos répteis.

Possivelmente sabe que a nossa atitude perante as situações depende da forma como utilizamos o nosso cérebro, ou melhor, que parte está a ser usada e que estilo de raciocínio. Estranho? Na verdade, estamos equipados para três estilos de pensamento associado a três tipos de cérebro:

Reptiliano, Mamífero e Visual

O cérebro reptiliano - *fight-or-flight*

Desenvolveu-se ao longo de milhões de anos para proteger. Ele gere o seu corpo e os seus hábitos numa perspectiva de sobrevivência, controlando o seu lado mais instintivo.

As suas características são a dicotomia, por estarem ligados à sobrevivência. Daí que o seu padrão principal de comportamento é o **Fugir-Lutar**, não facilitador da reflexão e da aprendizagem pelos erros.

Como o mais antigo dos três, o cérebro reptiliano sobrepõe-se aos seus congéneres se entender estar em perigo ou com necessidades adaptativas urgentes. É brusco e agressivo, fazendo parte dos atributos do medo, da ansiedade e do stress. Ao subir ao palco, o cérebro reptiliano é activado pelo medo das consequências negativas e passa o tempo a pensar numa forma de evitar os cenários negativos que vai criando: vou ter uma «branca», atrapalhar-me, vão reparar que estou aflito/a. Assim, uma grande parte da energia do cérebro é usada a processar o medo.

E o medo de falar em público afecta as escolhas, através do evitamento. Escolhe-se um curso que implique menos exposição pública, perde-se uma promoção por ter esse receio, ou escolhe-se um trabalho que não inclua *public speaking*. E a lista poderia continuar, como por exemplo escolher as últimas filas de uma sala ou plateia para evitar a participação, bem como chegar tarde a uma reunião ou formação para contornar o momento inicial em que todos se apresentam. Caro leitor, creia que já passei por algumas destas situações. Hoje, felizmente, não me revejo nelas.

O que fazem os oradores medrosos?...

1 - Não olham a audiência, preferem o chão, paredes ou tecto

2 - Suprimem partes do que têm a dizer

3 - Tossem para ganharem tempo

4 - Usam muitos slides cheios de informação

5 - Lêem os slides, virando as costas à plateia

6 - Ficam atrás do *lectern* (púlpito ou mesa)

7 - Apressam-se a sair do palco

O que pensam no palco?
1 - Terminar a apresentação o mais rápido possível

2 - Evitar pausas ou interrupções durante o discurso

3 - Evitar contacto com a audiência

4 - Esconder sinais que revelem o seu desconforto

Repare que uma experiência destas é de **não-orador**. Subir ao palco e não viver a experiência em pleno, passando o tempo a evitar tudo o que caracteriza um orador.

Sintomas do desempenho não-orador

Manifesta-se em três componentes:

1 - física; 2 - verbal; 3 - não-verbal

1 - Os sintomas físicos são resultantes da activação do Sistema Nervoso Simpático (SNS) perante situações de reacção *fight-or-flight*. O *modus operandi* do SNS é o tudo-ou-nada, pelo que grandes quantidades de adrenalina são «injectadas» no organismo para poder responder ao alerta: escapar ou lutar. Os sintomas manifestam-se através da aceleração do batimento do coração, dilatação das pupilas, boca seca, transpiração abundante, aumento do consumo de oxigénio e rigidez do pescoço e dos músculos nas costas.

2 - Nos sintomas verbais inclui-se a voz tensa e trémula, muitas pausas audíveis (aaah, uuuh, eee..., etc.), gaguejar, repetir palavras, rouquidão e tosse.

3 - Por fim, os sinais não verbais ligam-se à postura e movimento em palco. As mãos encaixadas uma na outra, nos bolsos, mexer no cabelo, coçar a orelha, o nariz ou o queixo, movimento vaivém repetido, olhar errante, etc. Uma série de movimento incongruentes que revelam um orador impaciente e nervoso.

Benefícios

A melhoria na comunicação traz benefícios inquestionáveis, tanto a nível pessoal como profissional e empresarial:

A nível pessoal
1 - Melhora a qualidade de interacção pessoal
2 - Traz confiança e segurança na exposição de ideias
3 - Abre perspectivas e oportunidades

Profissional
1 - Aumenta a qualidade de liderança
2 - Facilita o processo de trabalho em equipa
3 - Aumenta a qualidade das reuniões

Empresarial
1 - Joga a favor da cultura organizacional
2 - É um factor de clima
3 - Aumenta a produtividade

_____ BONS DISCURSOS _____

Guias de Coaching

São guias fáceis de ler, com ferramentas práticas
essenciais para a gestão da carreira e da vida.
Partilhe com familares, amigos, colegas e clientes...

1 - **Public Speaking**
2 - **Objectivos**
3 - **Feedback** Avaliação de desempenho
4 - **Coaching**
5 - **Ferramentas de PNL**

Descontos para aquisição do conjunto
www.jdias.org
jd@jdias.org